AF261873

JUGEMENT

DU

COUP D'ÉTAT

ET

DE LA RÉVOLUTION

DE 1830.

PARIS.—DE L'IMPRIMERIE DE RIGNOUX,
Rue des Francs-Bourgeois-S.-Michel, n° 8.

JUGEMENT

DU

COUP D'ÉTAT

ET

DE LA RÉVOLUTION

DE 1830.

PAR J. F. FAILLY,

AVOCAT, DOCTEUR EN DROIT.

> La révolution a été décidément tuée
> par la Charte, et ce n'est désormais
> qu'en tuant la Charte qu'on peut la
> ressusciter.   (LEYVAL.)

PARIS.

DELAUNAY, LIBRAIRE, PALAIS-ROYAL;
RIGNOUX, IMPRIMEUR-LIBRAIRE,
RUE DES FRANCS BOURGEOIS-S.-MICHEL, N° 8.

—

1830.

JUGEMENT
DU COUP D'ÉTAT
ET
DE LA RÉVOLUTION DE 1830.

———

A l'apparition des ordonnances du 25 juillet, tout citoyen ami de son pays devait élever la voix pour les combattre. En démontrer l'illégalité était chose facile. Un autre objet m'occupait davantage : je voulais tracer à mes concitoyens l'attitude qu'ils devaient prendre en présence de ces ordonnances. J'eusse désiré faire revivre le règne de la loi, sans l'asseoir sur le tombeau des martyrs de la liberté. Je pensais que l'audace des ministres reculerait devant la puissance de l'inaction des Français et devant les arrêts de la justice : devant la puissance de l'inaction des Français, refusant de se présenter à des fantômes de colléges électoraux pour y faire des fantômes de députés ; devant les arrêts de la justice, proclamant qu'obéissance n'est pas due aux ordonnances qui violent les lois. Les magistrats n'auraient pas oublié le conseil donné par Louis XII à leurs devanciers : « Faites observer les lois, malgré

« les ordres contraires que l'importunité pourrait
« m'arracher. » Et l'eussent-ils oublié, ils auraient été
arrêtés par l'explosion de l'indignation publique
qui, en France, a l'autorité de la loi.

Sans doute il y avait du danger à publier ses
pensées au milieu des coups d'état; mais je ne le
redoutais pas. L'homme sans reproche marche sans
peur :

Justum et tenacem propositi virum
. . . .
Non vultus instantis tyranni
Mente quatit solidâ.

Mon devoir me portait à faire entendre la vérité;
et, comme l'a dit une femme d'esprit, si toutes
vérités ne sont pas bonnes à dire, elles sont toujours bonnes à entendre. Je ne craignais pas les
tables de proscription, même dressées au nom de
la sûreté de l'état, DE PAR le fameux article 14 de
l'ancienne Charte constitutionnelle (1). Les murs
d'un cachot sont glorieux pour celui qui, fort de
sa conscience, peut s'écrier :

Le crime fait la honte, et non pas *la prison.*

La France a suivi une autre voie. Elle a employé

---

(1) Cet article était ainsi conçu : «Le roi est le chef suprême de
« l'état, commande les forces de terre et de mer, déclare la guerre,
« fait les traités de paix, d'alliance et de commerce, nomme à tous les
« emplois d'administration publique, et fait les règlemens et ordon-
« nances nécessaires pour l'exécution des lois et la sûreté de l'état. »

un remède beaucoup plus expéditif, mais aussi beaucoup plus violent. Elle a répondu au coup d'état par une révolution, et le trône le plus vieux de l'Europe a disparu dans la tempête. Dès lors mes conseils sur la conduite à tenir devant ce coup d'état n'ont pas dû voir le jour.

Mais il est aujourd'hui une autre tâche à remplir : c'est de juger cette révolution. Pour atteindre ce but, il faut d'abord juger le coup d'état qui lui a donné naissance. Ce coup d'état arrêtera un instant nos regards sur la scène politique, pendant l'année que le ministère a consacrée à opérer son terrible enfantement.

La publication de ce double jugement trouve un nouveau degré d'apropos dans la mise en accusation des ministres. Ce n'est pas que j'appelle sur leur tête les vengeances de la loi. Que dis-je, les vengeances de la loi!... La loi ne se venge pas; la vengeance est une passion, et la loi est impassible (1).

---

(1) Les ministres vont bientôt être jugés. Il est affligeant que l'on mette autant de précipitation à les faire comparaître devant leurs juges. Les pavés de la capitale sont encore teints du sang qu'ils ont fait répandre, de ce sang qui crie vengeance, et dont la voix, pénétrant aujourd'hui avec trop de force dans le sanctuaire de la justice, pourrait altérer l'impassibilité qui doit présider à leur jugement.

Je ne suis certainement pas le défenseur des ministres; mais je ne puis maîtriser un sentiment d'indignation à la vue de quelques personnes qui, pour demander l'abolition de la peine de mort,

C'est dans la vue de ces deux genres d'utilité que je dépose ici le tribut de mes pensées. Ce n'est point pour obtenir des emplois. Assez et trop de solliciteurs encombrent aujourd'hui les avenues du pouvoir. Je n'ai demandé aucune faveur au gouvernement qui n'est plus ; je n'en demanderai aucune à celui qui lui a succédé. Mon dessein est de défendre les principes à l'ombre desquels s'est développée ma raison naissante. Ma seule ambition est de jouir de l'inamovibilité du droit de publier mes pensées.

Cet ouvrage sera divisé en deux parties :

La première contiendra le jugement du coup d'état du 25 juillet ;

La seconde, le jugement de la révolution qui en a été la suite.

---

attendent que la tête des grands accusés ait roulé sur l'échafaud. Ce n'est pas là de la justice, ce serait de la vengeance, et une vengeance qui imprimerait à ses auteurs une tache ineffaçable.

L'ère nouvelle a déja coûté assez de sang. Celui des ministres n'ajouterait pas un nouvel éclat à notre révolution. Impuissans désormais pour faire le mal, la France les vomit de son sein. Que les portes de la patrie soient à jamais fermées sur eux.

PREMIÈRE PARTIE.

———

JUGEMENT DU COUP D'ÉTAT DE 1830.

C'est un jour de douleur pour la patrie que celui où l'image sacrée de la loi est couverte de sang. C'est un jour de deuil pour le monde entier que celui où elle est ensanglantée par les mains qui sont préposées à sa garde. Tel est cependant le spectacle dont nous venons d'être les témoins; et c'est le soleil du dix-neuvième siècle qui a éclairé ces attentats. La France vient de voir les conseillers de la couronne conjurer le monarque de déchirer de ses propres mains cette Charte constitutionnelle, boulevard de nos libertés; cette loi des lois, le pivot de nos plus chères institutions.

La session de 1829 venait de se terminer. L'ordre le plus parfait régnait sur tous les points du royaume; les lois étaient observées, le trône n'était menacé d'aucun orage. C'est alors que la France étonnée voit s'asseoir aux pieds du monarque des hommes que repoussait la confiance publique, des hommes en opposition permanente contre nos libertés (1). Inutile de s'étendre davantage sur la

———

(1) La composition de ce nouveau ministère eut lieu le 8 août 1829.

renommée de chacun d'eux ; leurs hauts faits à tous sont connus, la presse a épuisé la matière ; il ne reste pas même à glaner sur ce terrain.

Une session nouvelle s'ouvre. La France attend avec anxiété le discours de la couronne. Dans ce discours, le gouvernement, selon l'usage, demande aux Chambres leur concours. Mais, cette fois, ce discours, est menaçant pour nos libertés. On y reconnaît la main des nouveaux ministres.

La Chambre des députés répond à l'appel du roi. Elle lui fait connaître franchement la vérité : elle lui déclare, par l'organe de son chef, ce qu'elle sent, c'est-à-dire que le concours demandé n'existe pas.

Un roi, entouré d'un crêpe adulateur, devrait se féliciter de voir les représentans du peuple s'approcher de son trône pour lui ouvrir les portes du temple de la vérité. La vérité est le premier besoin des rois ; et c'est surtout aux députés à leur faire entendre son langage. Voudrait-on que les mandataires de la nation jouassent le rôle de courtisans, ou, pour parler comme le grand Sully, de bouffons et de baladins ? Ce serait par trop prostituer la représentation nationale. Il faut se faire une plus haute idée de ceux que la France investit de son mandat. Ce mandat est un mandat de bonne foi, de vérité ; c'est un mandat d'apporter la lumière au pied du trône, de parler au nom du pays dont ils sont la pensée, comme parlerait le pays lui-même. Les portes du Louvre doivent s'estimer heureuses de s'ouvrir une fois par an aux organes de la vérité. Que dis-je! pour un roi, c'est encore plus un droit qu'un devoir d'apprendre la vérité, puisqu'il y va du plus grand intérêt : du salut de son trône.

De quelles épithètes flétrissantes n'eût - on pas couvert le front des députés, si, renfermant leurs sentimens dans leur ame, leur adresse n'eût été qu'un concert d'adulations, et qu'au grand jour du budget, ils se fussent montrés avares des deniers du peuple? Alors la royauté eût été fondée à leur dire : « Quoi! le discours d'ouverture vous demande « votre concours, et, dans votre adresse, vous me « laissez ignorer que ce concours n'existe pas! si « vous m'eussiez déclaré que les liens de la confiance « étaient rompus entre vous et les officiers de la « couronne, j'eusse cherché à les renouer par de « nouveaux choix. »
Mais la Chambre des députés a prévenu ce re-proche. Elle a déclaré au monarque la rupture du concours. Et, comme on l'a dit, ce n'est point à elle que cette rupture doit être imputée. En effet, avant le 8 août, le concours existait, puisqu'aucun projet de loi n'avait été rejeté. Quand a-t-il cessé d'exister? Le 8 août. Que s'est-il passé le 8 août? Est - ce l'élection d'une Chambre nouvelle? Non.

Est-ce un changement de sentimens dans la Chambre existante? Pas davantage. Que s'est-il donc passé le 8 août? Un changement de ministère. Or, si le concours existait avant le 8 août, s'il n'a cessé d'exister qu'à partir du 8 août, et si le 8 août n'est pas un fait de la Chambre, peut-on accuser la Chambre d'avoir rompu le concours?

Ainsi, la Chambre, dans son adresse, s'est bornée à constater un fait, et encore un fait dont elle n'est pas l'auteur.

L'adresse doit être la déclaration des sentimens du pays. En 1821, le parti soi-disant royaliste avait-il reculé devant de dures vérités? avait-il craint d'attrister la grande ame du roi législateur?

Eh! qui l'a provoquée, cette expression de la Chambre? Le discours de la couronne était-il noffensif? Non sans doute. Le trône avait parlé d'obstacles au gouvernement; la Chambre a fait connaître la nature de ces obstacles. Elle a été provoquée; elle a dû s'expliquer.

Sentinelle avancée du monarque comme des libertés publiques, la Chambre des députés à accompli un grand devoir. Elle voulait, par ses sages avertissemens, fermer le cratère du volcan sur lequel les ministres avaient assis la royauté. La main sur la conscience, elle a déclaré au roi que ses ministres n'avaient pas la confiance de la nation; et les ordonnances illégales qui viennent d'être rendues prouvent que la France avait raison de ne pas la leur accorder.

La Chambre des députés a donné un grand conseil au monarque ; elle a agi dans l'intérêt du roi. Elle eût dû recueillir des actions de graces. Mais non : le roi lui répond que ses résolutions sont immuables. Ainsi, le roi veut agir par amour-propre, par entêtement, puisque, sa volonté étant immuable, rien ne pourra l'ébranler. Il vient, non loin du sanctuaire des lois, faire pressentir à la nation qu'il n'obéira point aux lois.

Du reste, les députés n'ont pas refusé de coopérer. Ils se sont réunis pour donner leurs votes sur les projets de loi qui leur seraient présentés. Mais ils ont voulu placer à la tête de leurs travaux un grand monument de patriotisme. Pour rétablir l'harmonie constitutionnelle, ils ont invité le roi à opter entre ses ministres et les représentans de la nation. Voilà toute leur pensée. Ils n'ont point dit au monarque : « Nous ne nous présenterons plus en face de ce « ministère ; nous ne recevrons pas ses projets de loi. » Ils ont seulement porté un flambeau au pied du trône.

Sans doute cette Chambre faisait entendre, par son adresse, qu'elle déposerait dans l'urne une majorité de boules noires. La boule noire eût pu être le prix même de projets de loi qu'on eût acceptés, s'ils eussent eu une origine plus pure. Il est, en effet, des noms qui ont des vertus malheureuses, des noms dont les présens n'inspirent aucune confiance, des noms qui ne semblent faire quelques concessions que pour se frayer une route vers de grands sacrifices, et pour lesquels ont tient en réserve ces mots :

> . . . . *Timeo Danaos , et dona ferentes.*

Honneur à la Chambre des députés ! Elle a parlé le langage magistral qui appartient à un grand parlement. Quelque Tacite burinera un jour sa noble contenance.

Mais cette mâle attitude a déplu aux ministres. Ils ont vu qu'ils étaient passés, ces jours heureux de l'âge d'or ministériel, où le centre de la Chambre des députés faisait, au signal du ministère déplorable, tonner ses 300 voix pour clore toute discussion devenue embarrassante. Ils ont vu que la Chambre n'était pas d'humeur à se faire appliquer ces vers :

> Tout s'arrange en dinant, dans le siècle où nous sommes,
> Et c'est par des diners qu'on gouverne les hommes.

Ces pygmées, n'osant reparaître devant l'assemblée des représentans du peuple, ont voulu appesantir sur elle le poids de leur vengeance. Ils ont commencé par lui infliger le châtiment de la prorogation : ils ont provisoirement imposé silence à une tribune où ils n'eussent primé ni par la profondeur du sens ni par la vie de la parole. Malheureusement, proroger n'est pas répondre; ce n'est qu'ajourner la difficulté. Le jour du combat devait se présenter plus tard.

Le ministère profite de cette suspension du parlement français pour se faire transporter par son escouade d'écrivains dans une région inaccessible aux orages; et, monté sur le pavois de son parti, il s'écrie : « Français, prosternez-vous; moi, moi « seul peux sauver la France. »

Quand il juge les esprits bien disposés à nommer, à la place des députés indépendans qui ont frappé la fameuse adresse, des hommes propres à développer la pensée du 8 août, il dissout la Chambre et en traduit les débris devant le grand jury national, les colléges électoraux.

Cet appel fait à la France était sans doute inconvenant; mais enfin il était autorisé par la loi. La France devait obéir : elle obéit aux lois.

Le Jupiter de l'Olympe ministériel espérait qu'à l'aide des fraudes pieuses de ses agens (commises du reste *ad majorem Dei gloriam*), il pourrait obtenir une Chambre mieux disciplinée.

Mais la France, représentée par les électeurs, lui renvoie les mêmes juges fortifiés de nouveaux mandats.

Le voilà donc tombé, après avoir épuisé tous les degrés de juridiction, de tribunal en tribunal, jusqu'à son arrêt sans appel. Que faire ? Se retirer

est le seul expédient. Mais non : « Je resterai, dit-il,
« je resterai. La pensée du 8 août ne doit pas sitôt
« mourir. Je ne courberai pas la tête sous la verge
« de l'opinion publique. Mieux vaut apporter la
« hache au pied de l'édifice des lois. »

Abîmons tout plutôt, c'est l'esprit *des ministres*.

Alors on vit pleuvoir sur la France ces malheureuses ordonnances qui immolaient nos deux premières libertés : la presse et la loi électorale. Sans
respect pour les lois, il plait aux ministres de faire
passer la nation sous le joug du pouvoir absolu ;
cela suffit : tout est examiné. La France doit se trouver trop heureuse que les conseillers de la couronne
ne débutent pas par l'emploi de la voie *manu militari*.

L'ordonnance qui enchaîne la pensée ne renferme aucun prétexte (1). Le ministère s'est borné
à dire :

Sic volo, sic jubeo, sit pro ratione voluntas.

Insensé ! il ne voit pas que la liberté de la presse
brisera ses fers, et qu'il n'y a de solide en France
que ce qui repose sur les lois.

------

(1) Mais en revanche les ministres, dans leur rapport, déversent
largement les flots de leur vengeance sur la liberté de la presse,
et gardent presque le silence sur la loi électorale. Ils invoquent contre cette liberté la sûreté de l'état. Les développemens par lesquels
je combats l'ordonnance qui renverse la loi électorale, et qui peuvent en partie s'appliquer ici, me dispensent de faire, de l'ordonnance qui étouffe la pensée, l'objet d'une réfutation spéciale.

L'ordonnance qui renverse le système légal des élections contient trois prétextes.

Le ministère parle d'abord de manœuvres qui auraient exercé une influence pernicieuse sur les opérations des colléges électoraux. Oui, sans doute, il en a été employé, des manœuvres; mais par qui? par les ministres et leurs agens; par leurs agens qui, au mépris de la loi (1), promenaient la faux de la destitution sur la tête des fonctionnaires doués d'une conscience assez peu flexible pour hésiter à se prosterner devant le candidat ministériel.

Si je déchirais le voile qui couvre l'horrible inquisition des principaux dépositaires de l'autorité, la société se soulèverait d'indignation. Elle verrait des fonctionnaires qui, jaloux de mettre leur conscience à l'abri du joug accablant que le pouvoir eût appesanti sur eux, dérobaient leurs capitaux aux regards de l'autorité, pour n'être pas contraints d'en faire un emploi qui leur eût conféré le cens électoral. Elle verrait des fonctionnaires-électeurs forcés de donner une garantie de la servilité de leur vote par des infractions à la loi, commises publiquement dans le sein même de l'assemblée où se font les législateurs.

> Vous frémissez, *Français*, à cet affreux récit;
> Tant d'horreur vous surpend ; mais de leur *tyrannie*
> Je ne vous ai conté que la moindre partie.

---

(1) Voyez les articles 109, 110 et 113 du code pénal.

Je garderai le silence sur le reste. Je ne veux pas blesser la pudeur publique.

Les manœuvres, les voilà. Forcions-nous, nous autres, le sanctuaire des consciences ? Pouvions-nous faire tonner des menaces de destitution ? Non, sans doute. Nous n'avions que des conseils à donner, conseils qu'après tout on restait libre de ne pas suivre. Inutile d'en dire davantage ; les faits parlent trop haut : la notoriété publique est là.

Passons au deuxième prétexte.

Nous voulons, disent les ministres, revenir à la Charte.—Revenir à la Charte ! Quoi ! Le représentant de la contre-révolution, qui a si long-temps refusé le serment de fidélité à la Charte, l'idolâtre aujourd'hui au point de s'ériger en sacrificateur des lois qu'il prétend lui être contraires ! Vous voulez revenir à la Charte ! Et pourquoi avez-vous attendu le 25 juillet 1830 pour faire acte de contrition ? N'eût-il pas mieux valu, dès votre arrivée au pouvoir, faire mentir cette maxime d'un sage de l'Orient : « Si l'on te dit qu'une montagne a changé « de place, crois-le si tu veux ; si l'on te dit qu'un « homme a changé de principes parce qu'il a « changé de langage, garde-toi de le croire ? »

Soyez franc, digne représentant de la contre-révolution : avouez que vous ne tenez ni à la Charte ni aux autres lois ; vous voulez rester attaché à la crête du ministère, afin de vous couvrir du manteau royal.

Pour vous y perpétuer, vous sentez qu'il faut frapper un grand coup qui va ébranler le monarque sur son trône, et vous compromettez la majesté royale à laquelle vous arrachez de fatales ordonnances qui foulent aux pieds la statue de la loi. Avez-vous oublié que le roi de France ne peut tenir le langage des empereurs Sévère et Antonin? Ces princes, il est vrai, n'abusaient pas de leur pouvoir souverain : « *Licet enim*, disent-ils, *legibus soluti sumus, at-* « *tamen legibus vivimus.* »

Vous croyez, ministres du 8 août, qu'il suffit, pour couvrir vos attentats, de nous dire que la loi électorale viole la Charte. Eh ! qui vous a constitués juges dans cette question? Le roi, le roi lui-même a-t-il le droit de traduire cette loi devant son tribunal? Où est écrite la déclaration de ce droit tout-puissant? Tant qu'une loi existe, ne lui est-il pas dû obéissance? N'est-ce pas par une loi qu'une loi doit être abolie? Avez-vous oublié cette maxime : « *Res* « *eodem modo dissolvi possunt quo fuerunt colli-* « *gatæ?* »

Mais je veux bien être généreux : je veux bien vous ériger en juges compétens dans cette question; je veux bien vous reconnaître le droit d'anéantir, de votre propre autorité, la loi électorale. Eh! pourquoi donc vous êtes-vous servis de cette loi tant que vous avez espéré que la corruption de vos agens pourrait lui faire produire de bons fruits? Pourquoi ne nous tenez - vous le langage des ordonnances que depuis le jour où vos agens ont en vain épuisé sur cette loi toutes les ressources de la fraude ? Ah ! sans doute, vous ne pensiez pas auparavant que le système légal des élections fût contraire à la Charte. Sans doute, c'est la réélection des 221 qui soudainement vous a fait changer d'opinion. Mais alors il faut avouer que vous changez d'avis bien facilement ; que votre opinion est versatile comme le besoin, comme les exigences de la conservation de vos porte-feuilles. Il faut avouer que la France a juste sujet de craindre que vous ne fouliez aux pieds, comme contraires à la Charte, toutes les lois qui mettent des entraves au développement de vos projets.

Voyez, ministres du 8 août, quel singulier rôle vous jouez devant la France. Vous avez bien voulu reconnaître la loi électorale tant que vous avez eu l'espérance d'en user pour le développement de vos projets, puisque vous avez naguère réuni les colléges en vertu de cette loi ; mais comme le combat électoral vous a prouvé qu'elle ne pouvait se prêter au couronnement de vos vœux, vous la supplantez par une ordonnance.

Ainsi, le ministère se trouvait avoir en sa puissance deux moyens pour parvenir à son but : une loi, et au besoin une ordonnance. Si la loi ne peut enfanter une Chambre commode, complaisante, on se servira de l'ordonnance organisée de manière à donner aux ministres des députés selon leur cœur.

Est-ce là de la Charte? N'est-ce pas plutôt du pouvoir absolu? Quoi! ministres du roi, vous aimez mieux vous promener dans l'arène périlleuse des coups d'état, que de rentrer dans la poussière d'où vous n'auriez jamais dû sortir!

Arrivons au troisième prétexte.

Il repose sur deux considérations. « Nous avons « reconnu, dit l'ordonnance, la nécessité d'user du « droit qui nous appartient, de pourvoir, par des « actes émanés de nous, à la sûreté de l'état et à la « répression de toute entreprise attentatoire à la « dignité de notre couronne. »

Les entreprises attentatoires à la dignité de la couronne! Que dites-vous? Où sont-elles, ces entreprises?... Faisons grace à ce motif d'une réfutation, afin d'arriver de suite à celui qui repose sur le salut de l'état.

Le salut de l'état, dites-vous!—Invoquez plutôt le salut de vos porte-feuilles, et alors vous serez d'accord avec la France.

Mais l'article 14 de la Charte!—Que vous l'aimez, cette Charte, en l'honneur de laquelle vous insultez à la majesté des lois! Oui, vous l'aimez, mais comme le loup aime les moutons, pour la dévorer.

Écoutez, ministres du roi, la voix d'un grand citoyen qui fit souvent retentir de ses mâles accens

les voûtes de la Convention nationale, et vous ap-
précierez les prétextes dont on se sert pour couvrir
les plus coupables projets :

« Qui ne sait, a dit Chénier, que, dans tous les
« temps, les noms les plus respectables ont servi
« de prétextes aux attentats les plus noirs, aux
« complots les plus atroces ; qu'ils ont toujours
« consacré, dans l'esprit des faibles, les combinai-
« sons sinistres de l'ambition et de la vengeance ?
« C'était, si l'on eût cru Marius et Sylla, pour sau-
« ver la république romaine, qu'ils dressaient les
« tables sanglantes de leurs proscriptions. C'était
« pour sauver la république française, que Robes-
« pierre et ses nombreux complices couvraient la
« France d'échafauds. C'était pour venger la cause
« de Dieu, que des hommes, tourmentés d'une
« piété sanguinaire, sonnaient les vêpres de Sicile,
« aiguisaient les poignards nocturnes de la Saint-
« Barthélemi, allumaient les bûchers des Albigeois,
« poursuivaient dans les bois, comme des bêtes
« fauves, les malheureux habitans des Cévennes... »
Revenons à l'article 14 de la Charte.

Cet article accorde, il est vrai, au monarque le
droit de faire les règlemens ou ordonnances nécès-
saires pour la sûreté de l'état. Mais quelle est la
portée de ce droit ? S'il avait l'étendue que lui ont
prêtée les ministres, il confisquerait toute la Charte
à son profit ; il promènerait la faux de la mort sur

l'édifice constitutionnel, puisque le roi, le roi seul, se trouverait juge de la nécessité. Toutes les fois que les Chambres rejetteraient quelques projets, le roi, armé de la puissance de l'article 14, prétexterait qu'il est nécessaire de pourvoir par des règlemens à la sûreté de l'état. Le monarque, dès lors, se passerait à son gré du concours des Chambres dans les matières qui réclament leur assentiment. Or, sont-ce là les hautes pensées qui occupaient l'auguste rédacteur de l'article 14? Le ciel ou la terre s'ouvrirait pour démentir celui qui oserait le prétendre. Eh! grands Dieux! que serait alors la Charte? une vaine parade de mots ; les pairs et les députés? des simulacres de législateurs. Ainsi, se trouverait réalisé le vœu d'un des coryphées de la droite de la Chambre élective et l'on pourrait inscrire sur le frontispice du sanctuaire des lois les mots : *Maison à louer.*

Si telle eût été l'intention du sage Marc-Aurèle qui a consigné dans la Charte l'article 14, on pourrait dire qu'il se serait réservé de reprendre d'une main ce qu'il avait donné de l'autre. Or, telle n'a pu être la pensée de Louis XVIII, de ce roi trop loyal, trop Français pour déposer dans le coin d'un article le germe de la destruction du pacte fondamental à l'immortalité duquel était attachée l'immortalité de son règne. Il me semble voir les cendres de ce grand roi s'agiter d'indignation, à la vue des travestissemens qu'on a essayé de faire subir à ce grand contrat pour y découvrir, au besoin, le tombeau de nos libertés.

Allons plus loin : donner une telle interprétation à l'article 14, ce serait non seulement confisquer la Charte ; ce serait encore nous déshériter de toutes les autres lois, car il ne serait pas dès lors de droits que le monarque ne pût nous enlever. Ce serait consacrer une spoliation universelle. Nos propriétés, notre vie, notre honneur, tout serait à la merci de l'autorité royale. Les 221 pourraient voir l'épée de Damoclès légalement suspendue sur leur tête. Le système des lettres de cachet, des tables de proscription, se trouverait ressuscité, et la Charte serait sa mère !... Il suffirait au monarque de monter sur les échasses de l'article 14 ; car cet article, ne distinguant pas, planerait sur tous nos droits ; et, quand on pose un principe, il faut en subir toutes les conséquences, à moins qu'il ne se trouve des exceptions écrites dans la loi. Or, montrez-moi dans quelle loi sont posées les bornes qu'il faudrait assigner au fameux principe de l'article 14 ? Où est la puissance qui dit à cet article, comme l'Éternel à l'Océan : « Tu viendras jusque là·et ne passeras « pas outre. »

Mais c'est trop de démonstrations : non, cet article ne ressuscite pas le pouvoir absolu ; non, il ne brise pas le faisceau de toutes les lois ; non, ce n'est pas en vain que le sang d'un million de Français a rougi le sol de la nation pour reconquérir nos droits et déployer au milieu de nous le drapeau des lois par dessus les enseignes de chaque pouvoir.

Hommes du mensonge, je rejette l'interprétation que le besoin de votre cause vous arrache : quand les conséquences d'un principe sont absurdes, le principe est absurde lui-même.

En vain dirait-on : « Les rois sont sages ; dès lors, « si la sûreté de l'état n'exige pas ces règlemens « suprêmes qui détrônent les lois, le roi ne s'ar- « mera pas des foudres de l'art. 14. On peut s'en « rapporter au monarque sur le point de la né- « cessité. »

Raisonner ainsi, c'est supposer aux rois l'attribution perpétuelle de ces trois apanages de la divinité : de bonnes intentions, la connaissance des plaies de la nation et celle des remèdes politiques qu'il faut leur appliquer. C'est leur supposer ces glorieux priviléges, quoiqu'ils soient, plus que personne, susceptibles d'être trompés. En effet, ne vivent-ils pas toujours dans l'atmosphère du mensonge, entourés comme ils le sont, et comme souvent ils veulent l'être, de leurs dangereux flatteurs ? La vérité ne demeure-t-elle pas consignée à la porte du palais des rois ? Un roi, par sa position, doit donc être souvent entraîné dans les sentiers de l'erreur. La Charte elle-même en est une preuve. N'est-

elle pas une barrière apposée à l'action de l'autorité royale? Et pourquoi? Parce que cette autorité
peut s'égarer. Si les rois partageaient avec le ciel la
prérogative de l'infaillibilité, tous leurs actes por-
teraient l'empreinte de la raison. Pour doter leurs
peuples de bonnes lois, à quoi leur servirait le
concours des Chambres des pairs et des députés?
Cependant, ces Chambres, consacrées par nos institutions, impriment tous les jours à nos lois le
sceau de l'immortalité. Ce sont de grands corps qui
marchent à côté du trône, un flambeau à la main,
pour éclairer le monarque et déposer dans nos
codes le tribut de leur sagesse.

Il demeure démontré que l'art. 14 de la Charte
n'a pas le sens que quelques fanatiques politiques
ont voulu en faire sortir. Les ordonnances, qu'il
permet au roi de faire, viennent se briser aux pieds
de la loi. Ainsi, par exemple, lorsque la Charte dit
qu'il ne sera perçu aucun impôt sans le consente-
ment des Chambres, il est évident que le roi ne
peut en percevoir par la voie des ordonnances. Le
roi peut faire des ordonnances dans les cas où par
là il ne viole aucune loi. Mais voilà tout.

Cependant, supposons que l'art. 14 permette au
roi de voiler la Charte dans des circonstances gra-
ves; serait-on fondé à prétendre que la sûreté de
l'état réclamait cette mesure à l'époque de l'apparition des ordonnances du 25 juillet? Examinons.

Les électeurs ont une entière latitude dans le choix de leurs représentans, et c'est un devoir pour eux de fixer leurs suffrages sur les candidats qu'ils en croient les plus dignes. Le roi doit voir avec plaisir cette manifestation des sentimens de son peuple. Elle fait monter jusqu'au trône la connaissance de l'opinion publique. Cette opinion donne au roi la mesure de la confiance qu'inspire son ministère, et l'avertit des changemens qu'il doit y apporter pour le mettre en harmonie avec les vœux du pays. Ces vœux doivent toujours être présens à la pensée du monarque. Ce n'est pas pour lui-même que la couronne couvre son front, que le sceptre repose dans ses mains. Ce n'est pas non plus pour satisfaire leurs petits intérêts d'amour-propre et de vengeance que les ministres occupent un rang si élevé dans l'échelle des dignités. C'est pour aviser aux besoins de la nation. Or, la nation repousse des ministres qui ont toujours contrarié ses besoins, et cherche dans l'exercice d'un droit précieux le moyen de les faire choir des hauteurs où leur présence pourrait compromettre ses destinées.

Les électeurs, en renvoyant à la Chambre les 221, ont usé d'un droit : ils ont fait ce que la loi leur permettait de faire. Ce sont les ministres qui ont attenté aux droits du pays; ce sont eux qui ont ébranlé les bases de la loi, en faisant entrer le roi dans l'arène des colléges électoraux pour y imposer ses candidats. Cet abus, je le dénonce à la France. Il est réprouvé par la Charte. La Charte repousse ces candidats du roi ou des ministres. Tous les candidats doivent être offerts par la nation. En effet, que représentent les députés? Est-ce le roi? Non. Sont-ce les ministres? Pas davantage. C'est la nation. Les députés sont les contrôleurs du roi et des ministres. Le roi, les ministres, ne doivent donc pas plus s'immiscer dans la nomination des représentans du peuple, qu'un tuteur n'a droit d'intervenir dans le choix de son surveillant, c'est-à-dire du subrogé tuteur. Autrement, qu'en résulterait-il?

C'est qu'en réalité le roi seul ferait les lois, puisqu'au moyen de pairs qu'il nomme à volonté, et de députés qu'il désignerait, les trois pouvoirs se trouveraient en réalité réduits à un seul, celui du roi, les deux autres n'étant que des machines à déposer la boule blanche;

C'est que la responsabilité des ministres serait doublement illusoire, puisqu'ils ne redouteraient ni l'une ni l'autre des deux Chambres : l'une, dont ils pourraient à l'infini grossir les phalanges; l'autre, remplie des hommes serviles qu'ils auraient imposés à la nation.

On peut le proclamer avec la conscience de la vérité : la France, par la réélection des 221, n'a pas seulement exercé un droit; elle a même accompli un grand devoir. Les coupables sont ceux qui, par leurs menaces, ont voulu faire sortir de l'urne du scrutin national des noms hostiles à nos institutions ; ce sont ceux qui achetaient le suffrage des fonctionnaires ; enfin ce sont ces fonctionnaires eux-mêmes qui ne rougissaient pas de trafiquer de leur vote pour la conservation de leurs places (1). Les coupables, les voilà. Et ce sont les électeurs indépendans que le pouvoir a frappés, puisqu'il les dépouillait, par des ordonnances, des droits dont les lois les investissent.

Mais, si les électeurs ont usé d'un droit, ne se sont-ils pas écartés des convenances? Pourquoi voulaient-ils condamner le roi à revoir en face les 221 qu'il venait de licencier? Quoi! les électeurs se seraient écartés des convenances, en disant à leurs vieux mandataires : « Reprenez votre ancien man-
« dat ; votre adresse est l'expression de nos cœurs :
« nous l'adoptons. Votre réélection prouvera au
« roi que nous confirmons la sentence que vous
« avez prononcée contre ses ministres. Nous vou-
« lons montrer au monarque que vos sentimens
« sont les nôtres. Nous voulons prouver que l'a-
« dresse de la Chambre n'a été que l'écho de la
« France, que l'expression d'un grand sentiment
« public. »

____

(1) Voyez les articles 109, 110 et 113 du code pénal.

Renommer les 221, c'était servir le roi, lors même que cette réélection eût pu lui causer un déplaisir passager; c'était le servir, parce qu'elle devait l'amener à renvoyer ses ministres et à se consolider sur son trône, en éloignant la cause des tempêtes.

Ne nous parlez donc plus de convenances, ou bien je vais me servir de vos armes contre vous; je vais vous déclarer que, si quelqu'un a manqué aux convenances, c'est le roi; le roi qui, pour prouver que ses résolutions sont immuables, veut conserver des ministres que la France vient de flétrir par l'irrévocable arrêt sorti de l'urne des colléges électoraux; le roi qui, cherchant à venger les injures des ministres, se hâte de dissoudre la Chambre élective, avant même qu'elle soit constituée; le roi qui, au lieu de rester sur la ligne du régime légal, préfère se lancer dans l'arène des coups d'état. Malheureux prince! il ne voit pas que la France peut les lui rendre avec usure.

Eh! grands Dieux! quand les plus grands intérêts de la société sont en présence, sied-il bien de venir nous parler de convenances? Les grandes affaires politiques ne se décident pas par des motifs de convenance. Les convenances peuvent être bonnes dans les salons des ministres; mais, dans les assemblées électorales, comme dans le temple des lois, un but plus élevé doit fixer les regards.

On a dit, il est vrai, que ce n'était point au roi

à céder. Ce n'est point au roi à céder! Que voulez-vous dire? Est-ce céder que de rendre hommage à un principe? Est-ce céder que de se soumettre à la loi? Ce n'est point au roi à céder! C'est donc aux lois à se prosterner devant la volonté des rois? Quoi! vous tenez ce langage, et vous êtes Français! Hommes d'un autre siècle, qui n'avez rien oublié, rien appris, retirez-vous! la patrie vous désavoue. Quoi! vous voulez que la France, pleine du sentiment de ses droits, courbe de nouveau le front sous le joug humiliant d'une volonté d'airain! Quoi! vous voulez qu'un grand peuple, fier de l'excellence de son être et de la toute-puissance de ses lois, exhume de ses catacombes l'ancien et honteux système de la grandeur d'un seul et de la nullité de tous! Quoi! après quarante ans de travaux, trente-deux millions d'hommes déserteraient les droits acquis par les sacrifices de leurs pères, scellés de leur sang, consacrés par cent victoires, sanctionnés par la Charte d'un grand roi! Ministres du 8 août, ne l'espérez pas. La France, la France ne passera point sous vos fourches caudines. Insensés! craignez les jugemens de l'histoire, si elle daigne abaisser ses regards jusqu'à vous. Pour réussir dans vos projets, il n'est qu'une voie : des fers! des fers!... des bourreaux! des supplices! la mort! la mort!... Êtes-vous de taille à parler ce langage à une nation de héros? L'entreprise est périlleuse, sans doute. Le Français, couvrant de l'égide des lois le feu de son indignation, est terrible, indomptable. Levez-vous et marchez! Courez au milieu du danger! Placez la puissance des baïonnettes au dessus de l'autorité des lois! Aux armes! aux armes!... Frappez! trempez la couronne dans le sang du dernier des Français! frappez! Mais plutôt arrêtez!... Ministres éphémères, ne voyez-vous pas les Parques sur vos têtes? Écoutez : votre dernière heure sonne. Mais vous voulez profiter du dernier instant pour désoler la France. Eh! ne craignez-vous pas de fouiller trop avant dans les antres d'Éole? Malheureux! savez-vous quelles tempêtes vous pouvez soulever? Que dis-je! déja l'orage gronde, la foudre tombe, la dynastie n'est plus. Misérables! ouvrez enfin les yeux! Ne voyez-vous pas un roi sans trône, et les tombeaux des martyrs de la liberté? Voilà, voilà vos œuvres! Mais la France reste; la France va vous juger. Je me tais : je ne suis point votre accusateur.

DEUXIÈME PARTIE.

JUGEMENT DE LA RÉVOLUTION DE 1830.

Ce sera un beau sujet d'entretien pour la postérité, c'est surtout une grande leçon pour les rois, de voir le peuple français, les yeux continuellement fixés sur l'image sacrée des lois, rester immobile comme elles, tant que les dépositaires de l'autorité y restèrent soumis eux-mêmes, et se lever en masse pour les soutenir, dès que le pouvoir essaya de profaner leurs autels.

C'est un spectacle admirable de voir ce grand peuple, fort de ses droits et de sa sagesse, marcher au combat, portant d'une main le livre des lois, et de l'autre un glaive pour leur défense ; de voir des citoyens, blessés à mort en combattant pour elles, recueillir le reste de leurs forces en rendant le dernier soupir pour s'écrier encore : Vive la Charte !

Quelle gloire pour une nation de livrer des batailles pour des principes, et de remporter pour des principes des victoires sans tache ; de livrer des batailles pour faire une vérité de la grande conception d'un grand roi, de cette Charte immortelle qui a posé sur la base de la raison l'édifice des libertés publiques.

Quelle gloire pour une nation de n'user de son triomphe, au moment où elle arbore l'aigle de la liberté, que pour déposer la plus belle couronne de l'univers sur le front d'un Roi-citoyen.

Force restera à justice, s'étaient écriés d'affreux ministres, dans les derniers accès de leur délire. Oui, force est restée à justice, car la justice, dans les grands jours de juillet, c'était la liberté. Force est restée à ceux qui combattaient pour la patrie, pour les lois. Force est restée à ceux qui combattaient pour cette Charte, *dont le nom invoqué pendant le combat l'était encore après la victoire.*

Et quelle victoire! Trois jours ont suffi pour la couronner; trois jours ont suffi pour abattre le drapeau du pouvoir absolu; trois jours ont suffi pour renverser la plus vieille dynastie de l'Europe. Un trône qui datait de huit siècles s'est noyé, en quelques heures, dans les sanglantes ordonnances du 25 juillet.

Quel combat! Quelle victoire! Quelle révolution!... France, lève la tête! Quel spectacle!... La Charte constitutionnelle restée maîtresse du champ de bataille.

La révolution de 1830 mérite d'être envisagée sous un double aspect. On y découvre de grands caractères, et elle présage les plus heureux résultats.

CHAPITRE PREMIER.

CARACTÈRES DE LA RÉVOLUTION DE 1830.

Cette révolution, empreinte de caractères impérissables, doit immortaliser les jours qui l'ont vue naître, et se placer à la tête de toutes les révolutions du globe.

Elle brille par trois grands caractères : justice de la cause qui a armé le bras des citoyens ; courage héroïque déployé par eux pour la défense de leurs droits ; pureté de leur triomphe.

PREMIER CARACTÈRE.

JUSTICE DE LA CAUSE QUI A ARMÉ LES CITOYENS.

Jamais cause ne fut plus juste que celle des citoyens ; jamais défense ne fut plus légitime. Les conseillers de la couronne ont voulu profaner le temple des lois. Les citoyens se sont armés pour se préposer à sa garde et garantir des souillures ministérielles la divinité du sanctuaire. La cause des citoyens était celle de la loi : ils voulaient défendre leurs libertés. L'exemple du grand législateur d'Athènes leur avait ouvert la carrière.

Pisistrate veut s'ériger en souverain. Solon s'indigne ; il oppose une résistance incroyable ; il appelle ses concitoyens au secours de la liberté menacée ; il veut marcher à leur tête. Sa voix n'est pas entendue. Le tyran triomphe. Solon ne se rebute pas ; il revient à la charge avec plus d'ardeur ; il cherche à se multiplier dans chacun de ses conci-toyens. Vains efforts. Le peuple reste immobile. La liberté succombe.

Ne pouvant survivre à l'humiliation de sa patrie, ce grand citoyen retourne à sa maison, prend ses armes et va les déposer devant la porte du sénat, en s'écriant : « O ma chère patrie ! je t'ai secourue « autant que j'ai pu ; j'atteste les Dieux que je n'ai « rien oublié pour la défense des lois et la liberté de « mon pays. O ma chère patrie ! je pars et te quitte « pour jamais, puisque je suis le seul qui me déclare « ennemi du tyran, et que tous les autres sont dis-« posés à le recevoir pour maître. »

Plus jaloux de la liberté que les Athéniens, nous nous sommes tous armés pour sa défense. Tous, nous avons concouru au triomphe de cette noble liberté qui a inspiré à Montesquieu cette haute pensée : « Quel que soit le prix qu'elle coûte, il faut bien la « payer aux Dieux. »

Tous, nous avons pu nous écrier :

Nation de héros, vainqueurs de l'univers,
Vive la liberté ! *nos* mains brisent *nos* fers.

Il fallait qu'elle fût bien juste la cause de la na-tion, puisque la plupart des baïonnettes appelées pour le soutien des funestes ordonnances, refusèrent bientôt de se tourner contre les citoyens. Honneur! honneur aux soldats nationaux qui ont montré qu'un cœur de citoyen battait encore sous leur uniforme!

Et comment aurions-nous pu douter de la sainteté de notre cause, à la vue des ministres de la justice opposant à la hache des coups d'état le bouclier de la loi? Les murs du tribunal de commerce de Paris retentissent encore du jugement qui soutenait le droit contre l'autorité. Gloire à la magistrature consulaire! Appelée la première à flétrir d'une éclatante réprobation les fatales ordonnances, sa voix a consacré les droits que défendaient les citoyens, les armes à la main.

Il fera époque dans l'histoire, ce jugement. Quelle impression ne produira pas sur nos neveux l'imposante attitude de ces juges qui, tandis que tout s'ébranle autour d'eux jusqu'aux murs du palais où ils rendent leurs oracles, tranquilles comme des sénateurs romains, prononcent, au milieu de la fusillade et au bruit du canon, un jugement qui déchire le voile dont les conseillers de la couronne avaient couvert la statue de la liberté! Qu'il sera beau de voir dans les annales de la justice, ces magistrats-citoyens, impassibles comme la loi dont ils sont les organes, remplir de leur voix l'une des trois grandes journées qui ont fait éclore un nouveau monde, annoncer aux rois des nations que leurs volontés doivent s'humilier devant la majesté des lois, relever d'une main puissante les autels de la loi renversés par l'arbitraire, et enfanter par leur oracle des légions de défenseurs de la liberté.

Pour perpétuer dans le cœur des rois le souvenir de cette grande journée, où la loi proclamait si haut sa toute-puissance, je voudrais qu'on inscrivît cette vérité sur le fronton de leurs palais :

RÈGNE DE LA LOI :

ELLE EST LA SOUVERAINE DES ROIS COMME DES

SIMPLES CITOYENS.

La loi, voilà l'idole des Français. Tout est soumis à son empire. Magistrats, ministres, le roi lui même; tous sont dominés par elle. Devant elle toutes les têtes doivent s'incliner. S'il est des personnes à qui nos lois ne plaisent pas, libre à elles de sortir de nos murs; la France leur ouvre ses portes. Écoutez ces belles paroles de Socrate, qui montrent combien est sacrée l'obligation d'obéir aux lois :

« Nous t'avons permis, dans le cas où notre ad-
« ministration politique ne te conviendrait pas, de
« te retirer et de t'établir où tu le jugeras plus
« avantageux. Les portes d'Athènes sont ouvertes à
« quiconque ne s'y plaît pas; mais y rester avec une
« parfaite connaissance, c'est consentir tacitement
« à se soumettre à tout ce que nous pourrons
« ordonner. »

DEUXIÈME CARACTÈRE.

COURAGE HÉROÏQUE DES CITOYENS.

Les Parisiens, surpris par l'agression la plus audacieuse, se réveillent au bruit du canon. Prompts comme la foudre, ils se lèvent comme un seul homme. Ils remuent la poussière des Gracques.

Armés de leur seul courage, ils marchent au combat et s'emparent des armes de leurs adversaires.

L'amour de la patrie enfante, sur tous les points de la capitale, des bataillons de héros. Tout Français devient soldat pour défendre la liberté.

Les voyez-vous, comme ils volent au devant de la mort et montrent une valeur sans exemple dans les fastes de la gloire!

Les voyez-vous, comme ils se rallient sous le feu brûlant de la mitraille, dispersent et repoussent les phalanges de la tyrannie jusqu'au pied du trône ébranlé!

Quel ensemble! Quelle intrépidité! Quelle constance! Sans chefs, ils marchent avec un accord admirable; partout règne un ordre qu'on cherche à comprendre et qu'on ne peut qu'admirer.

Nous ouvrions les annales de l'histoire pour contempler les débris inanimés des plus grandes illustrations de la Grèce et de Rome; Rome et la Grèce vivaient dans nos murs.

Hommes et femmes, enfans et vieillards, riches et pauvres, tous ne formaient qu'un seul faisceau ; tous combattaient sous l'oriflamme de la Charte.

Rappellerai-je ici le courage de ces nouvelles Gildippes, combattant à côté de leurs chers Odoarts, et reproduisant à nos yeux les traits d'héroïsme des plus grands hommes?

Et ces hommes glacés par l'âge, et qu'un philosophe de l'antiquité n'eût déja plus comptés au nombre des vivans (1)! Ils semblaient reprendre la vigueur de la jeunesse pour partager le danger commun.

Et ces enfans touchant à peine à l'adolescence! C'étaient des héros aux champs de Mars.

Chez les ames bien nées
La *valeur* n'attend pas le nombre des années.

Écoutez l'orateur qui, depuis long-temps, occupe la royauté du génie :

« La race française a grandi... sous le régime
« des lois constitutionnelles; nos enfans de 14 ans
« sont des géants, nos conscrits à Alger, nos éco-
« liers à Paris, viennent de vous révéler les fils des
« vainqueurs d'Austerlitz, de Marengo et d'Jéna,

---

(1) Pythagore distinguait l'âge de l'homme en quatre parties égales : il disoit qu'on était enfant jusqu'à 20 ans, jeune homme jusqu'à 40, homme jusqu'à 60, vieux jusqu'à 80; passé cet âge, il ne comptait plus personne au nombre des vivans.

« mais les fils fortifiés de tout ce que la liberté
« ajoute à la gloire. »

Ils sont plus grands que leurs pères; avec le
même courage, ils n'ont connu d'autre intérêt que
celui de la gloire. La conscience de leurs hauts
faits leur suffit; ils rejettent le prix de leurs services : ils en trouvent la récompense dans leurs
services mêmes.

Et ces hommes plongés dans la misère, qui ont
également partagé les dangers du combat! On veut
salarier leur dévouement : « Nous nous battons
« pour la liberté, disent-ils; la patrie nous doit du
« pain et non de l'argent. » Il semblait, comme on
l'a dit, que l'argent dût souiller leurs mains vic-
torieuses; ils ne voulaient toucher que leurs
armes.

Ce désintéressement surpasse les plus hautes
vertus que nous offre l'antiquité. Xénocrate est
moins admirable lorsqu'il n'accepte qu'une très
faible partie des trésors que lui offre Alexandre.
Oui, si la valeur des Français vient de ressusciter
les plus beaux jours de la gloire militaire, leurs
vertus semblent les rejoindre aux Dieux.

Mais je m'aperçois que je parle des vertus de
nos guerriers; je ne voulais préconiser ici que leur
courage.

Hélas! pourquoi la liberté en deuil pleure-t-elle
tant de généreux défenseurs? Pourquoi tant de

braves ensevelis dans leur triomphe ? Honneur à leur mémoire ! Ils ont bien mérité de la patrie. Que leur grande ombre se soulève de joie !... On ne meurt pas tout entier, quand on meurt pour la défense de son pays. N'entendez-vous pas la voix de ce peuple fameux qui du fond de son tombeau éclaire encore le monde : *Qui pro republica ceciderunt in perpetuum per gloriam vivere intelliguntur.*

Les guerriers morts dans les combats ont toujours été l'objet de la vénération publique; mais ils méritent des autels, lorsqu'ils succombent pour le règne de la loi.

Braves défenseurs de nos droits, vous vivrez toujours dans nos cœurs : votre courage nous a reconquis la liberté; c'est nous donner plus que la vie.

Nos nouvelles Cornélies ont déja déposé sur vos cercueils des couronnes d'immortelles. Et nous aussi, nous irons près de vos tombes, pour y retremper nos ames, si nos mâles vertus venaient à s'altérer.

Reposez-en paix, vaillans guerriers. Vos derniers regards ont vu fuir le despotisme, et votre dernière heure a ouvert la plus grande histoire du monde. Reposez en paix dans la terre de la liberté; vous allez la féconder par votre sang. Quelques pierres où l'on viendra verser des larmes marquent la place de votre repos. Votre Homère a déja gravé ces vers sur votre tombe :

> C'est ici le repos des fils de la vaillance ;
> Leur sang s'est épuisé pour délivrer la France.
> Ils ont tous pris un rang à la postérité :
> Leur cri fut en mourant : VIVE LA LIBERTÉ ! ! !
> Incline-toi, Français, à cette triste épreuve ;
> Donne une larme au preux, une obole à sa veuve.

Rassurez-vous, voix des tombeaux. Nous allons prendre soin de vos femmes. Vos enfans, la patrie les adopte. La France va les doter, comme elle dota naguère les fils d'un grand citoyen descendu trop tôt dans la tombe par les combats de la tribune. Ainsi, la France réalise la loi du sage législateur d'Athènes, qui ordonnait que le public nourrirait les enfans de ceux qui seraient morts en combattant pour la patrie.

Et cette nation qui apprit au monde comment la liberté s'acquiert et se conserve ! Elle ne s'est pas bornée non plus à saluer notre triomphe. Nous avons vu la mer gémir sous le poids des trésors dont ce peuple, mû par un sentiment sympathique, vient de charger ses vaisseaux pour partager avec nous l'honneur de secourir les fils des martyrs de la liberté.

Mais laissons de côté les admirateurs de nos guerriers pour achever le tableau des grands jours de juillet.

Quel courage a dû déployer l'armée citoyenne

de la capitale ! Seule, elle a lutté contre des troupes réglées ; seule, elle a lutté contre les nombreux satellites préposés à la garde des ordonnances, et fait, par son héroïsme, triompher la cause de la loi.

Ce sera une époque bien mémorable dans les annales de la gloire que l'immortelle semaine de juillet ! Un jour, et ce jour n'est pas loin de nous, l'histoire dira : Dans les trois grands jours de juillet, Paris, Paris seul sauva la France.

Je me trompe : ne déshéritons pas les provinces de la part qu'elles ont acquise à la gloire commune.

N'avons-nous pas entendu ce cri d'indignation qui partit de tous les points du royaume à la nouvelle des ordonnances ?

Et ces magistrats qui déposèrent sur-le-champ leur autorité, afin d'éviter toute solidarité avec d'infames ministres ?

Et ces juges protestant, du haut de leurs siéges, contre l'outrage fait à la loi, et montrant qu'ils déchireront leurs robes, plutôt que de prêter à cet attentat l'appui de la justice ; mais restant à leur poste, afin d'opposer des barrières plus insurmontables au couronnement du pouvoir absolu ?

Honneur ! honneur à ces nobles caractères ! ils se sont associés au triomphe de la liberté. Dans les deux cas, c'est de la gloire; mais de la gloire suivant des directions différentes.

Et ces tribunaux condamnant, comme ceux de Paris, les fatales ordonnances, et prouvant que, lorsqu'il est question de légalité sur les siéges de justice de la capitale, il y a de l'écho sur ceux de province?

Mais, pourquoi faut-il que, dans une de nos principales villes (je ne la nommerai pas), des magistrats aient laissé tomber de leurs mains le glaive de la justice, pour offrir le honteux spectacle de la désobéissance aux lois qui les revêtent de la toge? Je devrais peut-être garder le silence sur cette grave injure faite à la majesté des lois, afin de ne détacher aucun fleuron de la couronne de la magistrature inamovible qui, depuis quelques années, s'est placée si haut dans l'esprit des nations, et devant l'indépendance de laquelle l'arbitraire s'est si souvent brisé. J'en parlerai néanmoins pour déposer ici le trait de courage d'un grand citoyen qui couvre cette faiblesse de l'éclat de sa gloire.

Non loin de la grande cité où se décidait, le glaive à la main, la question de savoir si la France resterait libre ou passerait sous le joug du despotisme, un journaliste, sentinelle à la porte de la maison qui renfermait ses presses, était parvenu à la faire respecter par les baïonnettes, en donnant lecture des articles de nos lois sur la violation du domicile des citoyens. Aussitôt que les baïonnettes se furent retirées, il recourut à la protection de la justice.

« Quoi donc! s'est-il écrié devant ses ministres, « l'administration pourra saisir ma propriété..., et « les tribunaux me laisseraient sans défense! Un « préfet me fera arrêter sans mandat de justice..., « et je ne pourrais invoquer le secours des tribu- « naux! Mon existence même serait sans garantie « devant l'action administrative!... »

Mais, malgré le droit du journaliste, l'arche sainte fut muette.

Le courageux écrivain ne se laissa pas intimider. Il déclara que, quoique les magistrats lui refusas- sent la protection de la justice, le journal conti- nuerait d'être publié sous la protection de la loi.

Ce citoyen était résolu à mourir pour la liberté, l'une des plus belles émanations du ciel lorsqu'on la place dans le règne des lois.

Ainsi nous voyons qu'il y a, dans les départe- mens comme dans la capitale, de ces hommes qui, pleins du sentiment de leurs droits aussi bien que de la conscience de leurs devoirs, ne se laissent point ébranler, et dont les fronts n'ont pas appris à se prosterner devant les ordonnances du bon plaisir.

Et pourquoi oubliai-je les plus beaux traits des provinces? N'avons-nous pas vu ces braves habitans de la Normandie, qui, apprenant que les Parisiens répandaient leur sang pour la liberté, volèrent dans leurs rangs, afin de leur disputer la priorité d'une si belle mort, mais qui n'arrivèrent qu'au milieu du triomphe?

Ne savons-nous pas aussi que les phalanges parisiennes étaient grossies du tribut des départemens? Ne savons-nous pas que les écoles qui ont si puissamment contribué au succès de la cause nationale sont presque entièrement peuplées des enfans de nos provinces, et qu'il n'y a peut-être pas, comme on l'a dit, une ville en France qui n'ait fourni son héros et quelquefois sa victime dans ces sanglans combats?

Enfin avec quel empressement n'a-t-on pas improvisé dans toutes les villes, et comme par enchantement, des gardes nationales, pour empêcher les débris du vieux trône de léser en s'écroulant quelques parties du nouvel édifice constitutionnel qui s'élevait sur ses ruines!

TROISIÈME CARACTÈRE.

PURETÉ DU TRIOMPHE.

S'il fallait retracer toutes les belles actions qui ont illustré la grande semaine, le tableau pourrait couvrir les murs qui en ont été les témoins. C'est à l'histoire à recueillir tous les actes de vertu comme tous les traits de courage. Je vais seulement jeter quelques jalons dans l'immensité de l'espace.

Les vainqueurs ont donné à la terre un beau spectacle : ils ont été modérés dans la victoire. Humains, généreux envers les vaincus, veillant à la sûreté des personnes et des propriétés; rien n'a manqué à leur gloire.

Humanité des vainqueurs :

Ils déchiraient leurs vêtemens pour panser les blessures de leurs adversaires. Les blessés n'étaient plus des ennemis : c'étaient des frères, c'étaient des Français.

Générosité des vainqueurs :

Intrépides dans le combat, ils couvraient de tout leur corps leurs ennemis désarmés, tombés en leur puissance.

Respect pour les personnes et les propriétés :

L'injure faite à la loi avait armé leurs bras. Ils n'avaient d'autre but que de reconquérir les libertés publiques; leurs nobles cœurs étaient inaccessibles à tout autre sentiment; leurs mains ne devaient recevoir l'empreinte d'aucune souillure. La moindre atteinte à la propriété eût été punie sur-le-champ. Les caisses publiques étaient confiées à la garde de simples ouvriers qui, comme ils le disaient eux-mêmes, changeaient de gouvernement sans changer de conscience.

Quelques désordres, il est vrai, ont eu lieu dans

le temple de la justice; mais les coupables ont su trouver dans leur faute une gloire nouvelle. A la vue d'un vénérable magistrat, revêtu de sa toge, tout rentre dans l'ordre. Sa voix les rappelle à leur devoir; ils se retirent avec respect.

Certains monumens, mais en bien petit nombre, signalés à la vengeance publique, sont aussi devenus le théâtre de quelques excès. Mais c'était l'enthousiasme délirant de la liberté qui présidait à ces scènes. Au milieu de cette effervescence on eût craint de ternir par les inspirations de la cupidité l'éclat des trois grandes journées. Un sentiment plus puissant que toutes les lois enchaînait tous les hommes à la vertu. L'intérêt privé expirait dans l'ame de tous les citoyens; l'intérêt général dominait seul toutes les pensées.

J'admire ce peuple qui, sous la bure, n'a connu aucune tentation, et a montré qu'un cœur pur battait sous ses haillons. La vertu parlait au cœur de tous les citoyens; elle leur tenait lieu d'organisation. Chacun était magistrat et soldat.

Graces immortelles soient rendues à ces héros qui, marchant entre la mort et la liberté, ont eu la noble audace d'annoncer aux rois que ce n'est pas en vain qu'on se joue des sermens faits au ciel, les lois jurées à la terre. Graces immortelles soient rendues à ces vertueux citoyens qui s'érigeant en tribunal suprême, veillaient au res-

pect des personnes comme à la garde des propriétés.

Français de la grande semaine, deux titres vous
recommandent à la reconnaissance nationale : vous
avez par votre courage abattu l'hydre du despotisme, ausitôt qu'il leva tête, et vos vertus ont conservé sans tache vos nobles lauriers. Votre cause
fut celle de la loi; votre victoire, celle de la liberté ; votre triomphe, celui de la raison.

Français, vous pouvez déposer vos armes; un
Roi-citoyen monte sur le trône de France : sa couronne va couvrir le dépôt de nos libertés.

On serait heureux de trouver, de loin en loin,
dans l'histoire , des tableaux aussi admirables que
celui devant lequel s'incline aujourd'hui le monde
entier.

CHAPITRE DEUXIÈME.

RÉSULTATS DE LA RÉVOLUTION DE 1830.

Quelle révolution ! diront nos enfans... En trois
jours, nos pères ont fait avancer d'un siècle la
marche constitutionnelle. Un siècle, dit l'orateur
qui représente le génie, n'aurait pas autant mûri
les destinées d'un peuple que les trois derniers so-
leils qui viennent de briller sur la France (1).

____

(1) Oui, nous avons fait un pas de géant. Mais il ne faut pas se

L'ébranlement que cette révolution a produit au sein de la nation retentit déja jusqu'aux extrémités de l'Europe. Elle est le signal de l'émancipation du monde. Le monde va reprendre une vie nouvelle. Déja les peuples de l'Europe tournent les yeux vers la France comme vers l'étoile de leurs destinées. Liberté, ordre public, voilà le spectacle que leur offre la patrie - modèle. Heureux ces peuples, s'ils sont dès aujourd'hui mûrs pour la liberté!

Ne voyons-nous pas déja quelques peuplades de l'Europe sourire au triomphe de la liberté? Les voilà qui se réveillent, les voilà qui sortent du tombeau des siècles passés. Elles prêtent l'oreille au *vivat* qui remplit aujourd'hui la France (1). Pourquoi n'ont-elles les vertus des Français!

Et ce peuple voisin? Déja il secoue ses chaînes. Il entend sonner l'heure de la liberté; la liberté va descendre chez lui du haut des Pyrénées.

Mais descendons nous-mêmes de ces hauteurs; et, puisque nous sommes Français, fixons avant tout nos regards sur la France. Exposons quelques

---

faire illusion. Nous sommes placés sur un volcan. La force et la prudence du gouvernement peuvent seules fermer le cratère. Alors, et seulement alors, la révolution deviendra aussi utile dans ses résultats qu'elle a été belle dans ses caractères, et la France accomplira les hautes destinées que le flambeau de l'avenir fait luire à mes yeux.

(1) Déja même le drapeau de la liberté flotte en Belgique; un gouvernement provisoire est établi.

unes des réformes que cette révolution doit faire subir à notre législation. Nous parlerons ensuite de la grande leçon qu'elle vient de donner aux rois.

PREMIÈRE DIVISION.

RÉFORMES A INTRODUIRE DANS NOTRE LÉGISLATION.

Une ère nouvelle vient de s'ouvrir pour la France. Une monarchie nationale s'élève. Un prince populaire reçoit de l'amour des Français le sceptre tombé des mains de l'héritier de tant de rois. Il s'assied sur le trône pour y faire régner la loi. Le bonheur du peuple est sa seule ambition ; sa devise est l'ordre public et la liberté. Il sera, comme l'a dit le héros des deux mondes, la vraie, la bonne république. Sous son règne la Charte sera une vérité : il sera lui-même la Charte faite homme (1).

Mais il ne suffit pas d'assurer à la nation le bienfait de la Charte ; il ne suffit pas de développer tous les germes qui s'y trouvent déposés : il faut encore faire passer la raison dans toutes nos lois.

Avant de signaler quelques unes des réformes que réclame l'intérêt général, il importe de s'arrêter sur une première observation.

----

(1) Toutefois, pour obtenir ces heureux résultats, il faut mettre désormais, dans le choix des fonctionnaires, plus de maturité qu'on n'en a apporté jusqu'à ce jour dans les promotions qui viennent d'inonder la France.

Plusieurs personnes, entraînées hors des limites de la prudence, demandent la dissolution de la Chambre des députés.

Accablés, comme nous le sommes aujourd'hui, sous la grandeur des événemens, dominés par eux, et à peine maîtres de comprimer notre élan, nous devons redouter l'entraînement vers un mieux idéal. Les circonstances ne permettent pas de hasarder une nouvelle Chambre. Il faut être calme pour faire de bons choix.

Ainsi, la France doit désirer que l'influence de la représentation nationale grandisse assez pour étouffer ces voix imprudentes.

Et pourquoi faut-il que ces voix aient trouvé quelques échos dans la Chambre elle-même? Pourquoi faut-il que des députés aient eux-mêmes contesté la légalité de cette Chambre?

Représentans de la France, vous n'avez point été constitués les procureurs-généraux de la royauté, mais ceux de la nation; vous ne devez pas abandonner votre mandat. Quoi! à peine vos noms viennent-ils d'être proclamés dans les colléges électoraux, et déja vous déserteriez ces bancs où vous venez d'immortaliser vos séances! N'êtes-vous pas toujours les vertueux députés qui ont eu le courage de dire la vérité au roi? Restez au poste où vous a placés la confiance publique; restez dans cette enceinte pleine aujourd'hui de grands souve-

nirs, dans cette enceinte où vous venez de conserver à la France le prix de sa conquête. Cette tribune doit encore retentir de vos mâles accens.

Vous avez fait un roi et modifié la constitution;
vous pouvez bien concourir à la confection des lois
que réclament les besoins du pays.

Mais, direz-vous : c'est le salut de l'état, c'est la
nécessité, qui commandaient ces mesures. — Eh
bien! que le salut de l'état, que la nécessité, vous
enchaînent à votre poste pour raffermir ce sol encore ébranlé sous vos pas.

Tous les écueils sont aujourd'hui connus. L'expérience a placé ses flambeaux à vos côtés; que
leur lumière vous dirige. N'imitez pas l'exemple de
cette assemblée qui eut l'imprudence d'abandonner
son ouvrage. Il fut alors confié à des mains inhabi-
les, et, bientôt, il tomba en lambeaux sous la
hache de l'esprit novateur qui bouleversa la France.

Veillez, veillez vous-mêmes à la consolidation de
votre majestueux édifice, et qu'il soit impérissable
aussi bien que votre gloire.

O vous, représentans de la grande nation dont
vous préparez les destinées, vous ne laisserez pas
s'écrouler ce superbe monument, assis sur la base
solide de l'intérêt général, cimenté du sang des
citoyens et conservé par votre sagesse.

Que dis-je, conservé! Vous l'avez même fait sortir de la tempête, brillant d'un nouvel éclat.

Toutefois quelques taches restent encore. A quoi bon, par exemple, une noblesse, une noblesse héréditaire? Pourquoi ces chefs-d'œuvre de la vanité humaine viennent-ils planter leur drapeau dans nos lois? Pourquoi naturaliser dans nos codes le règne des hochets?

Législateurs, il fallait secouer ces oripeaux. La France est trop avancée en raison pour ignorer que la vertu est personnelle comme les fautes, et que se pavaner sous la gloire de ses aïeux c'est se parer des plumes du paon. Il fallait supprimer des distinctions qui enivrent et qui éblouissent ceux qui les possèdent, leur persuadent souvent qu'ils tiennent à peine à l'espèce humaine et que les autres hommes doivent se prosterner devant eux. On demeure, presque malgré soi, infatué de certains dogmes de naissance qui se transmettent de maillot en maillot avec le titre.

Au lieu de se parer du prestige de son origine, il faut s'illustrer par ses actions. La seule aristocratie possible en France doit désormais sortir du mérite.

Mais laissons de côté les titres héréditaires qui ne sont implantés dans nos lois que pour la montre et l'honneur des parchemins; il est temps d'arriver à ceux dont les conséquences sont bien autrement désastreuses : je veux parler de la pairie héréditaire.

Qu'est-ce qu'un pair? Un législateur. Or, com

prend-on qu'il puisse exister des législateurs par droit de naissance? Non, tant qu'il ne sera pas démontré que les fils aînés des législateurs recueillent dans la succession de leurs pères le majorat du savoir paternel.

Rarement le fils d'un homme éclairé est aussi éclairé que l'auteur de ses jours, et plus rarement le fils aîné d'un pair de France aura la capacité de celui qui lui a donné la vie, parce qu'il sentira qu'il n'a pas besoin de demander à ses talens un titre qu'il trouve dans son berceau.

On conçoit encore assez facilement que le service des ouvriers qui travaillent aux Gobelins puisse être héréditaire; et, en effet, les colonnes d'Hercule de ce genre de travail n'excèdent pas la mesure de la capacité commune. Mais on ne fait pas aussi facilement un législateur. L'homme est (ou du moins il doit l'être) appelé à la pairie par l'étendue de ses connaissances. Or, le fils aîné d'un pair n'ayant presque jamais les talens de celui qui lui a donné naissance, il faudra tomber dans la fatalité de l'une de ces deux alternatives :

Ou bien la Chambre des pairs se trouvera sans lumières après la mort des capacités qu'elle renferme, et il ne restera que le souvenir de sa première splendeur;

Ou bien, si l'on veut alors éclairer l'obscurité qui régnera dans cette assemblée, il faudra créer sans cesse de nouveaux pairs qui aient mission de couvrir par leur éclat la nullité des autres ; et, si ces nouveaux pairs étaient eux - mêmes créés héréditaires, la nécessité de cacher la nullité de leurs descendans ferait grossir le nombre des pairs dans une proportion effrayante, et bientôt la France se verrait menacée d'entrer presque tout entière dans la pairie.

On peut ajouter que cet héritage de pairie, transmis de génération en génération, entretient dans les familles une fierté dédaigneuse envers les autres classes de la société. Il ne tend qu'à faire des parangons d'orgueil. Avec la pairie se transmettent les préjugés qui sont héréditaires comme elle et à cause d'elle.

Les pairs ont une tendance à se placer dans une région qui n'est pas la région commune. Les pairs héréditaires, se trouvant dès leur naissance transportés dans cette région supérieure, ont toujours vécu comme séquestrés de la société. Ils n'en ont jamais étudié les mœurs. Dès lors ils ne peuvent apprécier les besoins d'un pays qu'ils ne connaissent pas, d'un pays qu'ils n'ont jamais regardé que du haut du Capitole de la pairie. Ainsi, ils ne possèdent pas les élémens nécessaires pour concourir à la formation des lois ; ils pourraient même devenir une entrave perpétuelle à la marche de la Chambre nationale.

Que les pairs ne soient plus que des sénateurs à vie, et ces inconvéniens disparaissent.

Portons actuellement nos regards sur le second vice inhérent à l'institution de la pairie.

Aux termes de l'art. 23 de la Charte, le nombre des pairs est illimité. Voilà, pour ne rien dire de plus, le tombeau de la pairie.

Il est inutile de s'étendre en démonstrations pour prouver que cette latitude sape l'institution par sa base. Les fournées en ont fait foi.

Il importe toutefois d'ajouter une raison nouvelle à celles qui ont été invoquées jusqu'à ce jour : c'est que les ministres peuvent par là rendre illusoire le droit qui appartient à la Chambre élective de les traduire devant la Chambre des pairs, qui, seule, a le droit de les juger. Que feraient, en effet, des ministres qui nourriraient de noirs projets ? Avant d'ouvrir la boîte de Pandore, ils rempliraient de leurs créatures la Chambre des pairs, et se choisiraient ainsi leurs juges ou plutôt leurs complices.

On pourrait multiplier les argumens. Les raisons se présentent en foule pour proscrire les deux vices dont je viens de parler.

Il serait facile de prouver que l'hérédité de la pairie donne naissance à un double droit d'aînesse, et ferme la porte de la Chambre, dite haute, aux capacités nouvelles que la France voit éclore chaque jour.

Il serait facile de prouver que la faculté de faire des pairs à volonté donne au roi le triste privilége de compromettre la dignité de cette Chambre.

Mais les législateurs, qui doivent améliorer cette institution, sauront bien faire ressortir les imperfections de son organisation actuelle.

Passons à l'article 75 de la constitution de l'an VIII, véritable brevet d'impunité accordé aux prévaricateurs puissans ou protégés.

Jusques à quand la liberté et la sûreté des citoyens réclameront-elles de la loi les garanties qui leur manquent? Jusques à quand un citoyen aura-t-il besoin d'une autorisation descendue des marches du trône pour poursuivre les agens du gouvernement qui l'ont incarcéré, frappé, assassiné? Déchirons de nos codes, comme je voudrais l'effacer de ma mémoire, cet épouvantable article, indigne de figurer parmi les lois d'un peuple libre.

Eh! que dis-je! subsisterait-il encore en présence de la Charte?

Subsisterait-il encore en présence de ce grand principe qui a replacé l'homme dans toute la majesté de son être : Les Français sont égaux devant la loi, quels que soient d'ailleurs leurs titres et leurs rangs?

Subsisterait-il encore en présence de cet autre

principe qui, s'il permet au roi de faire grace, ne lui a pas accordé le droit de soustraire le coupable à la flétrissure d'une condamnation judiciaire?

Non, mille fois non.

Mais, pourquoi faut-il que, sous l'empire de ces principes, les ministres de la justice aient continué de couvrir les agens du gouvernement de l'égide de l'inviolabilité? Eh bien! puisque les tribunaux n'ont pas repoussé ce honteux privilége, dans lequel tant de grands coupables se sont enveloppés, il faut que les législateurs parlent. Législateurs, arrachez du sanctuaire de la justice, comme il a déja disparu du temple des lois, l'affreux article 75. Et nous tous, Français, dénonçons-le au monde comme un outrage à la raison. Sa présence dans les constitutions des peuples est injurieuse à l'autorité elle-même. Un fonctionnaire doit être toujours prêt à dire à ses concitoyens, comme Hippolyte à Thésée :

Examinez ma vie, et voyez qui je suis.

Arrêtons-nous aussi quelques instans sur cette profession, aussi noble que la vertu, aussi ancienne que la magistrature, aussi nécessaire que la justice, pour parler le langage de d'Aguesseau.

Enfin, elles viennent de tomber presque entièrement les chaînes dont elle avait été garrottée.

Donner une pleine liberté à la profession d'avocat, c'est agir dans l'intérêt des libertés publiques elles-mêmes. Chacun tremblerait pour ses droits, s'il n'avait à ses côtés des voix libres pour les défendre.

Mais il ne suffit pas d'asseoir les franchises de cet ordre sur le terrain mouvant d'une ordonnance; il faut encore les consacrer par des lois, *afin que ce soit chose ferme et stable à toujours*. Il importe à la nation qu'il ne dépende plus du caprice d'un ministre d'enlever à la loi ses premiers interprètes; à la vérité, ses défenseurs; au malheur, ses appuis, et, à ce premier don du ciel après la raison, l'éloquence, ses courageux organes.

L'avocat, c'est un génie bienfaisant qui descend jusque sous le chaume des cabanes pour en faire sortir les gémissemens de l'opprimé. C'est lui qui crie qui vive à tous les abus.

L'avocat ne doit point être attaché à un tribunal, à une cour; il est, ce qu'un philosophe de l'antiquité prétendait être, l'homme du monde. Sa profession, comme on l'a dit, ne le cède à aucune autre : on la quitte sans s'élever; on la reprend sans descendre. Consolidons-la par des lois, par des lois dignes d'elle; ce sera servir le pays : *Non enim* (et c'est la loi romaine qui parle) *solos nostro imperio militare credimus illos qui gladiis, clypeis et thoracibus nituntur; sed etiam advocatos. Militant namque causarum patroni, qui gloriosæ vocis confisi munimine , laborantium spem , vitam et posteros defendunt.*

Nous venons de parcourir quelques unes des réformes que réclame la société. On pourrait encore en signaler plusieurs autres. La France les attend toutes du nouveau jour qui vient de luire sur elle. Mais évitons les excès. Loin de nous ces esprits remuans qui veulent tout renverser. Coupons les branches gangrenées, mais respectons celles qui portent à l'arbre une sève nourricière. Procédons avec une sage lenteur. Le législateur doit être calme comme la raison, quand il veut parler son langage. Qu'il se garde de faire, sous l'influence des passions, les lois dont il peut retarder la création (1).

––––––––––––––

(1) Depuis quelque temps surtout on s'occupe beaucoup de la grande, de l'immense question de la peine de mort. Plusieurs bons esprits demandent que cette peine soit effacée de nos codes. Mais ils n'envisagent point la question sous son véritable aspect.

Leur principal argument est que la loi n'a pas le droit de répandre le sang humain.

Le législateur a le droit de tout faire, puisqu'il occupe le trône de la toute-puissance. Quoi! si la peine de mort est le seul moyen d'arrêter le poignard de l'assassin, la loi n'aura pas le droit de la prononcer! Quoi! si la peine de mort est le seul moyen de sauver la société, la société n'aura pas le droit de l'établir! Singulière inconséquence! Eh! ne voit-on pas que ce serait là prétendre que le législateur n'a pas le droit d'accomplir sa mission ; qu'il n'a pas le droit de faire ce qu'il a le devoir de faire? Elle serait absurde autant qu'immorale, une semblable doctrine.

Voilà cependant les conséquences de cet argument.

Je n'exprime point, du reste, mon opinion sur la question de savoir s'il importe aujourd'hui à la société de conserver la peine de mort.

Les conceptions passionnées ne placent dans les constitutions des peuples que des élémens éphémères. L'enthousiasme ne fonde rien de durable.

Législateurs, le flambeau repose dans vos mains

Je veux seulement repousser une objection qui, dans un cas donné, condamnerait la société à demeurer sans entrailles et de glace à la vue de ses lambeaux sanglans devenant la proie des assassins.

Si la peine de mort est inutile, il faut la supprimer.

Si elle est nécessaire, il faut la conserver.

Mais, dans l'examen de cette question, les législateurs doivent mettre la philosophie à l'écart. Leur tribune est celle de l'intérêt général; que l'intérêt général seul s'y fasse entendre. Voilà, voilà le phare qui doit éclairer toutes leurs discussions; voilà la base de toute bonne législation.

La seconde objection présentée contre la peine de mort repose sur l'incertitude des jugemens humains. Les jugemens humains, dit-on, donnent trop de prise à l'erreur pour motiver une peine irréparable.

La mort, une peine irréparable! Oui, sans doute. Mais l'irréparabilité n'est pas attachée uniquement à la peine de mort. La prison est également une peine irréparable, car jamais on ne pourra me rendre la liberté pour le temps où j'en ai été privé. Ainsi, la privation de la liberté est aussi bien irréparable que la privation de la vie. L'irréparabilité de la peine mènerait à ne pas même infliger un emprisonnement d'un jour, d'une heure, d'un moment.

Partisans de l'abolition de la peine de mort, je conviens avec vous que les jugemens humains ne sont pas infaillibles. Mais quelle conséquence devez-vous tirer de là? C'est qu'en présence de l'erreur, il ne faut pas priver l'homme d'un bien aussi précieux que la vie. Argumentez, si vous voulez, de la gravité de l'erreur, de la gravité de la peine, de la gravité du mal; mais n'argumentez pas de l'irréparabilité de l'erreur, de l'irréparabilité de la peine, de l'irréparabilité du mal. La société est forcée d'infliger des peines irréparables.

Ainsi, je ne combats point ici l'argument tiré de l'incertitude des jugemens humains; je combats seulement l'usage que l'on fait de cet argument; je replace cet argument sur son véritable terrain.

pour éclairer; vous ne lui ferez point produire un incendie. La carrière est ouverte, marchez; mais marchez avec la maturité que réclame la grandeur des intérêts de la nation. Et, quand vous aurez doté de bonnes lois la noble patrie que vous portez dans vos cœurs, vous pourrez vous reposer avec joie sur vos glorieux trophées. La France, l'histoire, vous béniront, et la postérité viendra dans le temple de vos séances pour y recueillir encore les souvenirs de votre sagesse.

Mais il ne suffit pas à une nation d'être dotée de bonnes lois; il faut encore que le sanctuaire de la justice soit desservi par des ministres dont les mains ne soient empreintes d'aucune tache.

Que les emplois soient donc conférés uniquement au mérite. C'est ainsi qu'on réalisera le vœu de l'un des premiers articles qui forment le noble frontispice de notre pacte fondamental.

Pourquoi, en présence de cet article qui consacre l'admission du mérite à tous les emplois, les places ont-elles été, pendant si long-temps, le patrimoine presque exclusif du privilége. C'était donc en vain que le Roi-législateur avait dit à ses soldats : « Mes enfans, vous portez, tous, dans votre havre- « sac le bâton de maréchal de France. »

Que cet article ne soit plus désormais le patrimoine du privilége, à moins que ce ne soit le privilége du mérite. Cet article ne doit être la propriété d'aucune coterie. Les routes que trace le gouvernement représentatif sont larges. Les talens et la vertu doivent en ouvrir les avenues à tout le monde; mais aussi elles ne doivent s'ouvrir qu'aux talens et à la vertu.

Aux talens : ainsi, qu'un nouveau Beaumarchais ne soit plus fondé à dire : « On pensait à moi pour « une place; mais, par malheur, j'y étais propre. « Il fallait un calculateur; ce fut un danseur qui « l'obtint. »

A la vertu : ainsi, rejetez tous ces tartufes modernes de liberté, qui étaient hier aux genoux du dernier gouvernement et qui se font aujourd'hui remarquer par la longueur de leurs rubans tricolores; qui, toujours attachés au char de l'autorité, sont versatiles comme elle; qui, nouveaux Protées, se feraient singes ou tortues, s'il le fallait, pour parvenir aux honneurs, sans examiner quelle est la main qui répand sur eux les effets de sa munificence; qui, véritables vautours de tous les emplois, sont toujours de l'avis de celui qui reste maître du champ de bataille.

Les grands événemens dont nous venons d'être les témoins citent tous les hommes au tribunal de l'opinion. Cette reine du monde peut bien juger les talens et la vertu, puisqu'elle a jugé et renversé la puissance et les grandeurs.

Il faut à la nation des hommes revêtus de la confiance publique; il lui faut des hommes éclairés, courageux, et qui, prenant pour règle la loi, pour guide leur conscience, s'avancent indépendans et fermes. Les Séides d'une administration corruptrice, ensanglantée, doivent tomber avec elle (1).

Honte éternelle à ces organes serviles du ministère public, qui, poursuivant de leurs foudres les plus légères infractions d'un parti, laissaient passer inaperçus les attentats de l'autre!

Honte éternelle à ces juges qui, descendant de la

---

(1) De vastes épurations viennent d'avoir lieu. Beaucoup de positions sociales ont été renversées. Malheureusement, on a enveloppé dans la proscription des talens éprouvés et des caractères honorables qui n'ont jamais sacrifié sur l'autel de l'illégalité; des hommes entourés de la vénération publique, sans distinction d'opinions et de partis.

En sens inverse (ce qui est plus affligeant), on a conservé des fonctionnaires qui ont l'art de se prosterner toujours devant les puissances du moment. On a aussi appelé aux emplois des hommes d'une nullité remarquable.

Mais on peut pardonner ce travail au ministère; il ne devait pas être maître de lui au milieu de cette invasion de tant de phalanges de solliciteurs. L'affluence était, et est encore aujourd'hui, si grande, que les ministres songent, dit-on, à faire exécuter la loi martiale contre les attroupemens qui se forment dans leurs bureaux. Ce serait un spectacle amusant, si ce n'était un véritable scandale, de voir ces légions de solliciteurs qui, pour réclamer le salaire de leurs petits services, accourent tous les jours de toutes les provinces dans l'immortelle cité où les citoyens ont montré le plus grand désintéressement après avoir affronté les plus grands dangers.

Les dispensateurs des emplois doivent savoir que l'intrigue est un ennemi auquel il ne faudrait jamais céder. Le philosophe Antisthène, chef des cyniques, prétendait que les états sont sur le point de périr lorsque l'intrigue obtient la récompense du mérite.

sphère au dessous de laquelle s'agitent les passions, se sont dépouillés de l'impassibilité légale, et ont oublié que la justice *rend des arrêts et non pas des services !* Heureusement, la société a eu rarement à gémir sur de tels excès ; plus souvent elle a vu sous la toge une courageuse indépendance.

Honte éternelle par dessus tout à ces nombreux administrateurs qui ont si souvent manié l'arme de la fraude ! L'histoire indignée burinera ces vérités :

« La France, au dix-neuvième siècle, offrait deux « spectacles bien différens à la fois :

« D'un côté paraissaient des hommes éloquens, « versant sur leur pays des flots de lumière ; des « hommes forts, arrachant les lambeaux de la Charte « au vandalisme de ses ennemis ;

« De l'autre, on voyait les conseillers de la cou-« ronne creuser tous les jours le tombeau de nos « institutions ; on les voyait, démoralisant les ames « de leurs agens, les associer à leurs honteux for-« faits ; et, en présence de ces attentats, la justice « demeurait sans glaive. On punissait, on châtiait « durement l'âne qui, au milieu de mille circon-« stances atténuantes, tondait d'un pré la largeur « de sa langue ; mais on récompensait le lion qui « mangeait le berger. »

Oh ! que ces administrateurs ressemblaient peu à ce noble préfet qui, uniquement attaché à l'hon-neur, leur avait tracé la ligne qu'ils devaient suivre,

en disant à des ministres de déplorable mémoire :
Ma place est à vous, ma conscience est à ma
patrie.

Mais jetons un voile sur le passé, et voyons à
présent la grande leçon que la révolution de 1830
vient de donner aux rois.

DEUXIÈME DIVISION.

GRANDE LEÇON POUR LES ROIS.

Rois des nations, instruisez-vous à l'école d'un
roi : *Et nunc reges intelligite.* Venez voir un peuple
marcher au combat pour venger l'outrage fait aux
lois par les mains qui avaient juré de les observer.
Venez voir une royauté, qui s'appuyait avec orgueil sur huit siècles d'existence, tomber en un
instant sous les coups de l'indignation publique
qui avait armé le bras des citoyens.

Sans doute, on n'accusera pas les Français d'avoir
manqué d'attachement pour leur roi. Les circonstances mêmes qui ont accompagné sa chute re-
pousseraient ce reproche. Voyez s'avancer vers le
trône, à travers la fusillade, ces mandataires du
pays : ils veulent arrêter l'effusion du sang. Nouveaux Neptunes ils vont apaiser les flots irrités, si
le roi consent à retirer les ordonnances qui sont la
cause du carnage. Leurs voix ne sont point enten-
dues. On veut la guerre ; la guerre prononce et le
trône s'écroule.

L'histoire ne la passera pas sous silence, cette députation des représentans du peuple; l'histoire la consignera comme un témoignage permanent des sentimens de la nation. La postérité verra que ce n'était pas en haine du trône qu'on avait pris les armes.

Oui, la France tenait encore à Charles X. Ni le licenciement de la garde nationale, ni la loi de sang sur le sacrilége, ni le projet d'enchaîner la pensée et de naturaliser dans nos mœurs un prétendu droit d'aînesse, ni l'attachement opiniâtre à un ministère déplorable, ni la malheureuse conception du 8 août, ni même les fatales ordonnances, n'avaient étouffé dans le cœur des Français leur affection pour leur roi.

Vous le voyez, rois des nations : ce n'est point à Charles X qu'on en voulait, mais aux funestes ordonnances. Ce n'est point contre un Bourbon qu'on s'était armé, mais contre les ordonnances. C'était l'illégalité (1) et sa cause (2) contre lesquelles on portait les armes. Ce n'était point une guerre d'homme à homme ; mais du droit contre l'autorité, de la loi contre les ordonnances. C'étaient, en quelque sorte, les principes qui prenaient un corps,

____

(1) Les ordonnances.
(2) Les ministres.

pour marcher, un glaive à la main; c'était la loi qui s'incarnait dans tous les citoyens.

Elle fut bientôt victorieuse, la loi. Charles X alors offrit bien, il est vrai, de souscrire aux conditions proposées la veille par les représentans de la nation. Mais il n'était plus temps : le sang avait coulé.

Rois de la terre, ouvrez les yeux. Venez voir la faiblesse d'un monarque qui veut s'ériger en maître, et la force d'une nation résolue à s'ensevelir sous les ruines de la liberté, plutôt que de survivre au triomphe de la tyrannie.

N'oubliez pas que vous êtes les premiers esclaves de la loi. N'oubliez pas que vous devez, comme le disait Henri IV, reconnaître deux souverains : Dieu et la Loi.

Que les courtisans, qui profitent du despotisme; que les ministres, parfois, tiennent un autre langage, on le conçoit :

> Bientôt ils vous diront que les plus saintes lois,
> Maîtresses d'un vil peuple, obéissent aux rois;
> Qu'un roi n'a d'autre frein que sa volonté même,
> Qu'il doit immoler tout à sa grandeur suprême;
> Qu'aux larmes, au travail, le peuple est condamné,
> Et d'un sceptre de fer veut être gouverné;
> Que, s'il n'est opprimé, tôt ou tard il opprime.　(RACINE.)

Repoussez ces funestes conseils. Soyez les pères et non les tyrans de vos peuples :

> Quel plaisir de penser et de dire en soi-même :
> Partout, en ce moment, on me bénit, on m'aime;
> On ne voit point le peuple à mon nom s'alarmer.

Le ciel dans tous leurs pleurs ne m'entend pas nommer ;
Leur sombre inimitié ne fuit point mon visage,
Je vois voler partout les cœurs à mon passage.　　　(RACINE.)

Voulez-vous être salués par ces acclamations; appelez aux fonctions publiques des hommes éclairés et vertueux. Que les conseillers de la couronne, mûris par l'expérience, cessent de compromettre leurs agens par des exigences serviles. L'indépendance des fonctionnaires n'importe pas moins à la stabilité du trône qu'à l'intérêt de la société.

Écoutez la voix d'un des premiers oracles de la raison :

« Le principe de la monarchie se corrompt, dit
« Montesquieu, lorsque les premières dignités sont
« les marques de la première servitude; lorsqu'on
« ôte aux grands le respect des peuples, et qu'on
« les rend de vils instrumens du pouvoir arbitraire.

« Il se corrompt encore plus lorsque l'honneur
« a été mis en contradiction avec les honneurs, et
« que l'on peut être à la fois couvert d'infamie et
« de dignités.

« Le principe de la monarchie se corrompt lorsque
« des ames, singulièrement lâches, tirent vanité de
« la grandeur que pourrait avoir leur servitude, et
« qu'elles croient que ce qui fait que l'on doit
« tout au prince, fait que l'on ne doit rien à sa
« patrie.»

Instruits par les leçons du passé, évitez, rois de

la terre, les écueils signalés par tant de naufrages. N'oubliez pas que c'est en respectant les lois que vous vous consoliderez sur vos trônes. Puissent les grands événemens dont nous venons d'être les témoins, fermant en France l'abîme des révolutions, être pour le monde entier l'aurore du bonheur !

Et toi, race des Bourbons, reçois les adieux de la France. La France sympathise avec toutes les infortunes.

Vois où t'ont précipitée d'affreux ministres (1) !... La peine que je voudrais pouvoir leur infliger, serait d'aller pendant toute leur vie essuyer les larmes de la famille qu'ils viennent de renverser du trône ; de ce roi plus malheureux que coupable. Plus malheureux !... Eh ! comment penser qu'il eût pu voir, d'un œil tranquille, couler le sang des Français, le prince qui, à sa rentrée en France, n'y vit qu'un Français de plus ; le prince qui, avant d'en sortir pour toujours, vient de dire que, maintenir l'ordre et la paix en France, ce serait encore le servir.

Vous le savez, citoyens de la grande semaine, qui a répondu à la députation qui voulait faire cesser le carnage...

---

(1) Toutefois, rendons hommage à la vérité : ce ne sont pas seulement les ministres qui méritent notre indignation. Il est d'autres personnes qui la méritent d'autant plus que nos lois ne peuvent les atteindre.

Poursuivons de notre indignation ces hommes qui, signalant sans cesse au monarque un volcan prêt à s'entr'ouvrir sous les marches du trône pour dévorer la royauté, voulaient conduire les Bourbons au despotisme. Et cette infortunée famille, qui ne comprenait ni la théorie du gouvernement représentatif ni le pays qu'elle était appelée à gouverner, n'était que trop docile, pour ne rien dire de plus, aux leçons de ses conseillers.

Les perfides! la voilà comme ils l'ont faite, cette antique dynastie. Assis autour du trône pour en écarter les orages, ils ont consacré une année à rapprendre aux descendans de tant de rois la route de l'exil.

Puissent les Bourbons trouver sur une terre étrangère le repos que ne peut plus leur offrir la France; le repos qu'ils ne pourraient trouver dans cette capitale, fumante encore du sang des défenseurs de la loi, où, sous les fenêtres de leurs appartemens et presque en face de leur vieux trône, s'élèvent les tombeaux des nombreux martyrs de la liberté!...

Et quel bonheur viendraient-ils chercher en France? N'entendraient-ils pas sans cesse s'exhaler de ces sépulcres nationaux des voix lugubres qui leur diraient?... Je n'achèverai pas. Je ne veux pas ouvrir des tombeaux à peine fermés; je ne veux

pas faire crier le sang des morts; je ne veux pas faire
sortir de la terre ces paroles terribles :

Exoriare aliquis nostris ex ossibus ultor.

Que les tombeaux se taisent en présence d'une
grande fatalité; et, si les tombeaux se taisent,
taisons-nous aussi. Respectons l'exil comme les tombeaux. Laissons à l'histoire le jugement des Bourbons. Froide qu'elle est, elle parlera mieux que nous.
Paix au malheur!... Laissez passer les restes d'une
famille qui ne peut trouver un coin de terre pour y
reposer les débris de sa royauté.

> Pas d'outrage au vieillard qui s'exile à pas lents !
> C'est une piété d'épargner les ruines.
> Je n'enfoncerai point la couronne d'épines
> Que la main du malheur met sur des cheveux blancs.

(VICTOR HUGO.)

Oui, pas d'outrage. Silence devant les grandes
infortunes qui fixent aujourd'hui les regards du
monde. Restons muets en présence d'un vieillard
renversé du trône de tant de rois ses aïeux, et s'ache-
minant pour la troisième et dernière fois avec sa
famille vers la terre de l'exil.

Puisse, et ici je ne suis que l'écho d'une autre
voix, puisse cet héritage d'exil qu'ils vont se trans-
mettre, comme autrefois la couronne, être paisible
et respecté; puissent-ils, partout où ils iront, trou-

ver ce recueillement et cette émotion mélancolique qu'inspire la vue de ces statues de Dieux abolis qui survivent à leur culte! Représentans de la monarchie absolue et de la fatalité qui s'attache à cette cause, c'est cette fatalité aussi qui doit faire ce qui doit leur rester de majesté et de grandeur. Qu'ils soient donc comme cet OEdipe, accablé sous l'ascendant de son destin, exilé, errant, et majestueux pourtant, parce que la main des Dieux était empreinte dans son malheur!

FIN